Tierisch clever

Text
Steve Mould

Illustrationen
John Devolle

Lektorat Olivia Stanford, Laura Gilbert, Jonathan Melmoth, Sarah Larter
Gestaltung und Bildredaktion Katie Knutton, Fiona Macdonald, Jaileen Kaur, Sonny Flynn, Eleanor Bates, Emma Hobson, Sumedha Chopra, Ashok Kumar, Diane Peyton Jones, Clare Baggaley, Helen Senior
Umschlaggestaltung Issy Walsh, Elle Ward
Herstellung Dragana Puvavic, Barbara Ossowska
Text Steve Mould
Fachliche Beratung Derek Harvey
Illustrationen John Devolle, Bettina Myklebust Stovne

Für die deutsche Ausgabe:
Programmleitung Monika Schlitzer
Redaktionsleitung Martina Glöde
Projektbetreuung Sebastian Twardokus
Herstellungsleitung Dorothee Whittaker
Herstellungskoordination Claudia Rode
Herstellung und Covergestaltung Sabine Hüttenkofer

Titel der englischen Originalausgabe:
Wild Scientists

Übersetzung Birgit Reit
Lektorat Julia Niehaus

ISBN 978-3-8310-4200-5

Druck und Bindung Leo Paper Products, China

www.dk-verlag.de

Inhalt

Bionik

Vorwort

Der menschliche Körper ist eine leistungsfähige Maschine! Er hat Hebel, Scharniere und sogar zwei Flaschenzüge – in beiden Knien. Auch viele Tiere verfügen über erstaunliche Fähigkeiten: Sie können sehr schnell rennen, aufrecht balancieren, extrem hoch springen und vieles mehr.

Steve Mould

In der Natur gibt es unzählige Beispiele für geniale Lösungen technischer Probleme. Einige sind bizarr, manche sogar furchteinflößend. Alle wurden sie im Lauf vieler Millionen Jahre durch Versuch und Irrtum entwickelt. Diesen Vorgang nennen wir Evolution.

In diesem Buch sind die klügsten Chemiker, Physiker, Biologen, Ingenieure und Mathematiker der Natur versammelt und zeigen uns, was sie alles können!

In der Physik dreht sich alles um Energie und Kräfte. Viele Tiere machen sich diese Phänomene zunutze. Fledermäuse suchen mit Schall nach Nahrung. Chamäleons steuern beim Farbwechsel, welche Wellenlängen des Lichts sie reflektieren.

Physik

Bau und Technik

Unter den Tieren gibt es geniale Baumeister und hervorragende Ingenieure: Biber bauen stabile Dämme und Spinnen reißfeste Netze. Und bei einigen Insekten sind die Sprungbeine mit einer Zahnradmechanik ausgestattet.

Schlaue Natur

Biologie

Die Biologen unter den Pflanzen und Tiere kennen ihre Umwelt genau. Pfeifhasen wissen, welche Pflanze wann zum Verzehr geeignet ist. Die Chilischote vertreibt viele Tiere, die es auf ihre Früchte abgesehen haben, und zieht andere an.

Mathematik

Nicht nur Menschen nutzen Mathematik. Von der Bienenwabe bis zur spiralförmigen Anordnung der Kerne im Blütenkopf der Sonnenblume sind in der Natur viele Dinge nach den Regeln der Mathematik aufgebaut.

Dieses Buch ist in die Bereiche Physik, Chemie, Biologie, Bau und Technik sowie Mathematik unterteilt. Du lernst Pflanzen und Tiere kennen, die auf diesen Gebieten echte Spezialisten sind. Außerdem erfährst du, wie wir Menschen es ihnen in der sogennanten Bionik nachmachen!

Chemie

Die Chemie befasst sich mit Stoffen, die in der Natur vorkommen, und wie sie miteinander reagieren. Explosionen, Superkleber und Tarndüfte sind Beispiele für chemische Tricks, die Pflanze und Tiere anwenden. Auch die Streifen von Zebras entstehen durch chemische Reaktionen.

Bionik

Manchmal entdecken wir, dass Tiere oder Pflanzen etwas so Tolles können, dass wir es einfach nachahmen müssen! Diese Wissenschaft heißt Bionik. In jedem Kapitel wird eine Erfindung vorgestellt, die auf Beobachtungen der Natur beruht.

Bunte

Panther-chamäleon

Im entspannten Zustand sind Chamäleons grün, so-dass sie zwischen den Blättern der Bäume gut getarnt sind.

Chamäleons

Wenn Chamäleons sich begegnen, lassen sie Farben sprechen, bevor sie einen Revierkampf beginnen. So wird unnötiges Blutvergießen ver-mieden. Leuchtende Farben zeigen Angriffslust, matte Farben signalisieren Rückzugsbereitschaft.

Chamäleons sind unterschied-lich gefärbt und tragen ver-schiedenfarbige Seitenstreifen: Dieses Chamäleon hat rote, das andere blaue Streifen.

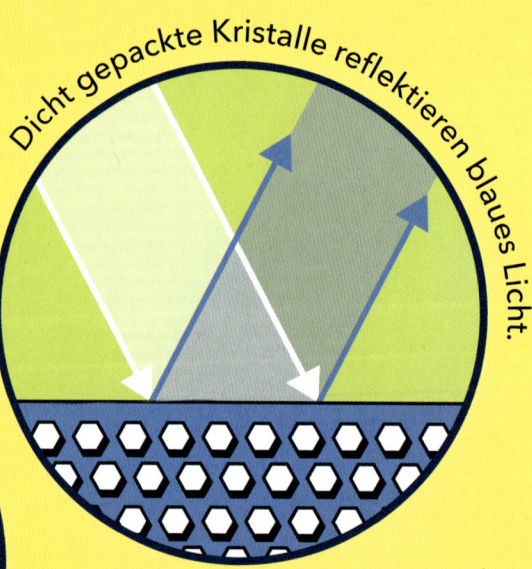

Dicht gepackte Kristalle reflektieren blaues Licht.

Locker verteilte Kristalle reflektieren rotes Licht.

Veränderliches Kristallgitter

Die Haut des Chamäleons besitzt zusätzlich zu den Pigmentzellen Zellen mit Guaninkristallen, die Licht reflek-tieren. Im Ruhezustand liegen die Kristalle eng beieinander und reflek-tieren blaues Licht. Unter Stress wird der Abstand der Kristalle größer und sie reflektieren rotes Licht, sodass sich die Hautfarbe ändert.

Chamäleons sind berühmt dafür, dass sie ihre Farbe verändern können. Sicher hast du schon gehört, dass sie sich damit an ihre Umwelt anpassen, um gut getarnt zu sein. Tatsächlich dienen die Farbwechsel aber vor allem der Kommunikation!

Verständigung

Treffen zwei Chamäleonmännchen aufeinander, kommt es oft zu einem Farbwechsel.

Wechselnde Farben

Nicht nur Chamäleons können die Farbe wechseln. Auch andere Tiere verändern ihr Aussehen auf ähnliche Art und Weise.

Tintenfische haben direkt unter der Haut winzige Pigmentsäckchen, die sie über einzelne Muskelfasern steuern und so Farbe und Muster ändern oder verbergen können.

Beilfische leben in der Tiefsee. Die Guaninkristalle in ihrer Haut beugen das Licht, das sie reflektieren, nach unten. So werden größere Raubfische getäuscht.

Unsinkbarer Läufer

Wasserläufer

Der Wasserläufer lebt auf der Oberfläche von Gewässern. Er ist Fleischfresser. Fällt ein anderes Insekt ins Wasser, entstehen Wellen, die ihn auf die Beute aufmerksam machen.

Wasserläufer können etwas Unglaubliches: Sie spazieren auf dem Wasser umher. Das ist möglich, weil Wasser eine Oberflächenspannung hat. Die Wasserhaut ist dadurch elastisch wie ein Trampolin.

Behaarte Beine

Die Beine des Wasserläufers sind mit wasserabstoßenden Härchen besetzt. Zwischen ihnen lagern Luftbläschen, die die Wasserhaut abstoßen und so verhindern, dass das Insekt einsinkt. Das funktioniert ähnlich wie eine aufblasbare Schwimmhilfe.

Die Beine des Wasserläufers sind dicht behaart.

Gemeiner Wasserläufer

Nur sehr leichte Tiere können über das Wasser laufen, ohne einzusinken.

Übers Wasser laufen

Es gibt noch andere Tiere, die das Phänomen der Oberflächenspannung nutzen.

Wasserschnecken können an der Unterseite der Wasseroberfläche entlang kriechen wie an einer Zimmerdecke.

Gerandete Jagdspinnen eilen aus dem Hinterhalt aufs Wasser, um Beute zu machen. Auch sie besitzen zu diesem Zweck dicht behaarte Füße.

Oberflächenspannung

Wasser besteht aus winzigen Molekülen, die sich untereinander anziehen. Da die Wasserteilchen an der Oberfläche keine anderen Teilchen über sich haben, halten sie sich besonders stark an den Teilchen neben ihnen fest. So entsteht eine dichte, dehnbare Wasserhaut.

Wassermolekül

Sterngucker

Dungkäfer verbringen viel Zeit damit, in die Sterne zu gucken. Aber sie tun es aus einem völlig anderen Grund als ein Astronom. Mithilfe der Sterne können sie sich in gerader Linie vorwärts bewegen und so ihre Dungkugel möglichst schnell davon rollen, damit sie ihnen nicht geklaut wird.

Elefantenmist enthält überraschend viele Nährstoffe.

Nachtaktiver afrikanischer Dungkäfer

Dungkäfer

Dungkäfer legen ihre Eier in den Dung größerer Tiere ab. Wenn die Larven schlüpfen, dient der Kot als Nahrung. Einige Käferarten formen den Mist zur Kugel und rollen diese an einen sicheren Ort, bevor sie ein einziges Ei hineinlegen.

Die Milchstraße ist die Galaxie, in der sich die Erde sowie viele Milliarden Sterne befinden.

Verschiedene Tiere navigieren nach den Sternen und achten dabei auf unterschiedliche Himmelskörper.

Motten peilen den Mond an, um geradeaus zu fliegen. Oft verwechseln sie künstliche Lichtquellen mit dem Mond und sind dann völlig desorientiert.

Gartengrasmücken orientieren sich auf den langen Wanderungen von Europa oder Asien nach Afrika an den Sternen.

Schnurgerade

Um die Kugel auf kürzestem Weg in Sicherheit zu bringen, muss der Dungkäfer schnurgerade vom Kothaufen weglaufen. Dazu nutzt er das helle Band der Milchstraße am Nachthimmel als Kompass.

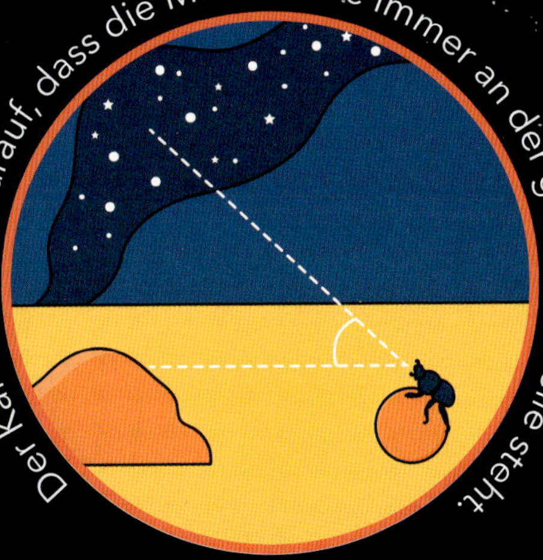

Der Käfer achtet darauf, dass die Milchstraße immer an der gleichen Stelle steht.

Damit der Dungkäfer auf der Spur bleibt, muss er die Sterne sehen können.

Um zu verhindern, dass Artgenossen die Kugel stehlen, muss der Käfer sie möglichst zügig vom Dunghaufen wegrollen.

Wenn der Himmel bewölkt ist und der Käfer die Sterne nicht sieht, ist er irritiert und läuft im Kreis.

Tiere, die kräftig austeilen können, sind meistens auch ziemliche Muskelpakete. Aber was wäre, wenn man eine große Menge Energie sammeln und auf einen Schlag freisetzen könnte? Genau das beherrschen Fangschreckenkrebse.

Der Krebs hat zwei Arme, die zum Schlag bereit sind.

Schmetterschlag

Bunter Fangschreckenkrebs

Die Aktion in Zeitlupe

Der Schlag des Krebses ist so stark, weil dabei Spannenergie freigesetzt wird. Das ist wie bei Pfeil und Bogen: Im biegsamen Teil der Schlagwaffe wird Energie gespeichert. Wird der Dactylus angezogen, biegt sich die Schale und macht sich bereit zum Abfeuern.

Der biegsame Teil ist geformt wie ein C.

Achtung, fertig In der Ausgangsposition ist der Dactylus angezogen, und die biegsame Schale ist zusammengepresst und speichert Spannenergie.

Los! Wird der Mechanismus entriegelt, springt die gebogene Schale blitzschnell auseinander und feuert den Dactylus heraus. Er schnellt hervor wie eine Pistolenkugel.

Bunter Fangschreckenkrebs

Fangschreckenkrebse sind tödliche Jäger. Sie verzehren gern andere Schalentiere, aber dazu müssen sie zuerst deren harte Schale aufbrechen. Das gelingt ihnen durch einen heftigen Schlag mit einem keulenförmigen Arm, dem sogenannten Dactylus.

Indo-Pazifische Schwimmkrabbe

Der Dactylus ist so gebaut, dass er zuschlagen kann, ohne selbst Schaden zu nehmen.

Nicht nur Bunte Fangschreckenkrebse nutzen Spannenergie. Auch Pflanzen setzen sie ein, denn sie haben keine Muskeln.

Farne feuern ihre Sporen, mit denen sie sich fortpflanzen, aus speziellen Zellen ab, die Spannenergie speichern. Die Sporen fliegen weit durch die Luft.

Knallkrebse erzeugen durch Zuklappen einer stark vergrößerten Schere explosive Blasen, mit denen sie ihre Beute betäuben. Der entstehende Knall ist eines der lautesten Geräusche im Tierreich.

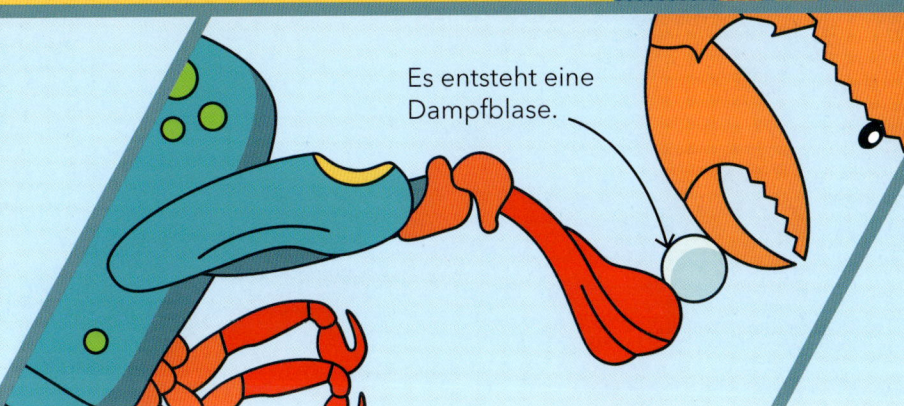

Es entsteht eine Dampfblase.

Der Schlag Der Dactylus trifft mit extremer Wucht und zerschmettert den Panzer. Aber das ist noch nicht alles: Beim Aufprall entsteht Unterdruck und es bilden sich Blasen aus Wasserdampf.

Die Blase Die Dampfblasen fallen mit einem sehr lauten PENG! sofort wieder in sich zusammen. Auch dabei wird Energie freigesetzt. Die Schallwellen helfen beim Zertrümmern der Schale.

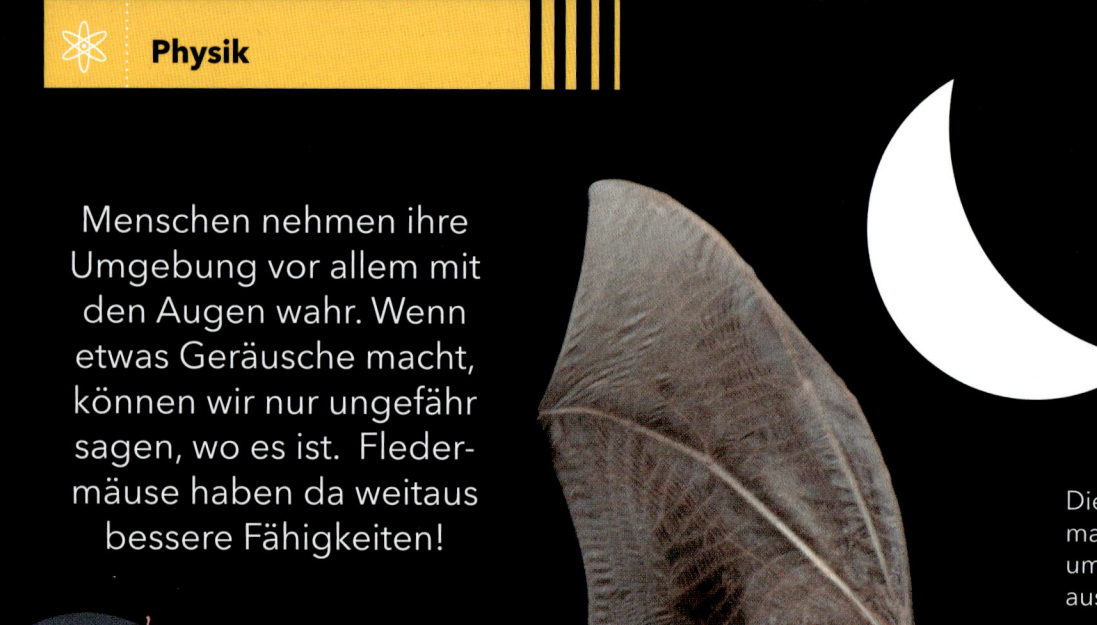

Menschen nehmen ihre Umgebung vor allem mit den Augen wahr. Wenn etwas Geräusche macht, können wir nur ungefähr sagen, wo es ist. Fledermäuse haben da weitaus bessere Fähigkeiten!

Die Fledermaus macht Klicklaute, um Schallwellen auszusenden.

Mit Schall sehen

Mit ihren großen Ohren hört sie auch sehr schwache Echos.

Braunes Langohr

Fledermäuse

Fledermäuse sind fast immer abends oder nachts aktiv, wenn es dunkel ist. Daher können sie sich nicht auf ihre Augen verlassen. Stattdessen erzeugen sie Geräusche und machen sich anhand der zurückgeworfenen Echos ein Bild von ihrer Umgebung.

Echoortung

Wenn die Fledermaus einen Ton von sich gibt, dringen Schallwellen aus ihrem Mund. Treffen sie auf ein Objekt, prallen sie davon ab und kehren zu ihr zurück. Anhand des zurückkehrenden Tons ortet die Fledermaus ihre Beute. Je weiter etwas weg ist, desto länger sind die Schallwellen unterwegs.

Achateule

Die Schallwellen prallen von Dingen ab, also auch von Beutetieren wie Nachtfaltern.

Der abprallende Schall kehrt als Echo zur Fledermaus zurück.

Richtung

Die Richtung, aus der ein Ton kommt, erkennt die Fledermaus daran, bei welchem Ohr er zuerst ankommt. So verrät das Echo der Fledermaus, wohin sie fliegen muss, um Beute zu machen.

Orientierung mit Echo

Echoortung ist überall dort hilfreich, wo man nur wenig sieht. Neben vielen nachtaktiven Tieren orientieren sich auch Wasserbewohner mit Echosignalen.

Delfine nutzen die Echoortung, um unter Wasser „sehen" zu können, denn auch dort gibt es nicht viel Licht.

Fettschwalme oder Guarachos finden sich nachts und in den dunklen Höhlen, in denen sie leben, mithilfe der Echoortung zurecht.

Blätter-Origami

Viele Laubbäume treiben vor dem Winter Blattknospen aus, aus denen im Frühling die Blätter sprießen. Aber wie passen die Blätter in die kleinen Knospen? Die Hainbuche faltet sie so, dass sie sich in einer einzigen, gleitenden Bewegung entfalten können.

Platz sparen

Wenn die Zeit gekommen ist, lockt die Frühlingssonne die Blätter hervor. In der Knospe sind sie entlang der Rippen eng gefaltet wie bei einem Akkordeon. Wenn die Blätter herauskommen, breiten sie sich aus und werden flach.

Enge Knospe Zu Beginn des Frühjahrs enthält die Knospe eine Miniaturversion des Blatts. Sie ist dicht zusammengefaltet und von einer Schutzhülle umgeben.

Rippen glätten sich Das Blatt hat abwechselnd Kämme und Täler, die dicht gepresst liegen. Wenn es wächst, öffnen sich die Falten immer weiter.

Gemeine Hainbuche

Beim Öffnen des Blatts glätten sich die Rippen.

Viele Lebewesen können Körperteile in kleine, enge Räume packen. Einige falten ihre Blätter zusammen, andere ihre zarten Flügel.

Ohrwürmer falten ihre Flügel sehr geschickt so zusammen, dass sie genau in eine schützende Hülle am Rücken passen.

Hainbuchen

Hainbuchenblätter haben viele Rippen, die wie die Papierfalten beim Origami funktionieren. Jedes Blatt ist in der Knospe kompakt zusammengefaltet. Wenn es sich dann entfaltet, wird es breiter und flacher.

Palmblätter entfalten sich ähnlich wie die Blätter der Hainbuche. Sie fächern sich breit auseinander, um die Oberfläche noch mehr zu vergrößern.

Geöffnetes Blatt Am Ende ist das Blatt voll entfaltet, breit und flach. So kann die Pflanze sehr viel Licht aufnehmen.

Miura-Faltung Das Hainbuchenblatt ist nach dem Muster der Miura-Faltung gefaltet. Damit lässt sich auch Papier so falten, dass man nur an zwei Ecken ziehen muss, um es zu entfalten.

Schnecken produzieren Schleim, der am Fuß austritt. Sie benötigen den Schleim, um vorwärtszukommen. Dabei dient er mal als Gleitmittel, mal als Klebstoff. Doch wie funktioniert das?

Schleimrutsche

Der Schleim schützt den empfindlichen Schneckenfuß.

Schnecken

Schnecken haben einen weichen, feuchten Körper und bewegen sich auf einem muskulösen „Fuß" fort. Wenn sie über trockene oder raue Flächen kriechen, ist die Reibung so stark, dass sie ohne die nützliche Schleimschicht nicht vorwärts kämen.

Schneckenschleim erleichtert nicht nur das Vorwärtsgleiten, sondern ist auch klebrig. So kann die Schnecke Steigungen bewältigen.

Gefleckte Weinbergschnecke

Weniger Reibung

Zwei Dinge, die aneinander entlanggleiten, werden durch Reibung gebremst. Sie entsteht, weil die Oberflächen winzige Unebenheiten haben. Ein Flüssigkeitsfilm reduziert die Reibung. Der dicke Schleim der Schnecke wirkt auf unterschiedlichen Flächen.

Auf dem Schleim gleiten Schnecken über raue Oberflächen.

Schleim als Waffe

Schleim erleichtert nicht nur die Fortbewegung. Er ist auch eine gute Verteidigung gegen natürliche Feinde. Er wirkt als schützende Hülle oder sorgt dafür, dass man nicht so leicht festgehalten werden kann.

Schleimaale produzieren blitzschnell sehr viel Schleim, wenn sie angegriffen werden. Der Schleim verstopft die Kiemen von Haien und anderen Raubfischen.

Clownfische leben in Seeanemonen, die giftige Tentakel besitzen. Ein dicker Schleimüberzug schützt die Fische davor, gestochen zu werden.

Haihaut

In der Vergröße-
rung erkennt man
die scharfen Kanten.
Sie verhindern das An-
haften von Seepocken und
Algen. So bleibt die Haut
sauber.

Saubere Oberfläche

Die Haut von Haien besteht aus scharfkantigen
Zähnen, auf denen sich Seepocken und Algen kaum festsetzen können. Bakterien haben mit rauhen Oberflächen
weniger Probleme, aber Forscher bildeten die Struktur mit
mikroskopisch kleinen Unebenheiten nach und entwickelten
so ein Material, auf dem es sogar Bakterien schwer haben.

Glatte Fläche

Gerillte Fläche

Antibakterielles Material

Die künstliche Haihautoberfläche hat noch kleinere Rillen als echte Haihaut. Die Bakterien können darauf nicht flach liegen und sich kaum festsetzen. Mit dieser Erfindung lässt sich die Ausbreitung von Krankenhauskeimen eindämmen.

Fellzeichnung

Viele Tiere tragen Flecken und Streifen. Manche tarnen sich damit, andere warnen auf diese Weise hungrige Jäger, dass es gefährlich ist, sie zu verzehren. Aber wie kommen sie überhaupt zu dieser Musterung?

Muster in der Natur

Je nachdem, wie groß ein Tier ist, welche Gestalt es hat und wie schnell die chemische Reaktion abläuft, entstehen verschiedene Muster.

Jaguare haben rosettenartige Flecken im Fell. Das Muster bietet eine hervorragende Tarnung im Regenwald, wo Lichtflecken auf den Blättern der Bäume tanzen.

Goldringel-Kugelfische haben ein Muster, das aussieht wie ein Labyrinth. Wahrscheinlich soll es Raubfische warnen, denn Kugelfische sind giftig.

Zebras

Die Frage, warum Zebras Streifen haben, ist umstritten. Manche Forscher halten sie für einen Schutz vor stechenden Insekten, die auf dem gemusterten Fell schlecht landen können.

Steppenzebra

Jedes Zebra hat ein einzigartiges Streifenmuster.

Turing-Mechanismus

Der britische Wissenschaftler Alan Turing (1912–1954) entwickelte eine Theorie zur Entstehung von Mustern auf dem Fell von Tieren. Danach handelt es sich um eine chemische Reaktion, die noch im Mutterleib stattfindet.

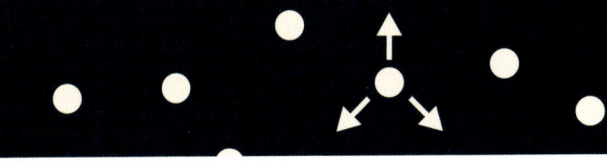

Flecken wachsen Zuerst ist das Zebrafell ganz schwarz. Zwei chemische Stoffe, sogenannte Morphogene, erzeugen das Streifenmuster. Das erste lässt weiße Flecken wachsen.

Wachstum wird gebremst Das zweite Morphogen wirkt hemmend: Es breitet sich schneller aus als das erste und kreist es ein, sodass sich das erste Morphogen nicht weiter ausbreiten kann.

Flecken verbinden sich Die großen weißen Flecken verbinden sich zu Streifen, aber das hemmende Morphogen verhindert, dass sie ganz zusammenwachsen. Das Muster ergibt sich aus der Verteilung der Stoffe.

Aaskäfer auf der Insel Sumatra

Fauliges Fleisch Aaskäfer werden vom verrottenden Fleisch toter Tiere angezogen. Sie verzehren das Fleisch und legen auch ihre Eier hinein.

1

Aufwärmen
Die Titanenwurz stellt chemische Stoffe her, die wie fauliges Fleisch riechen, und lockt damit Aaskäfer an. Sie erwärmt sich auf knapp 37 °C, damit sich der Geruch besser verbreitet.

Lockender Gestank

Viele Pflanzen locken und belohnen Insekten, die sie bestäuben, mit süßem Nektar. Die Titanenwurz überlistet die Insekten jedoch zu einer Bestäubung ohne jede Gegenleistung!

Titanenwurz

Die Titanenwurz blüht nur alle paar Jahre und auch nur wenige Tage. Am unteren Ende des Blütenstands, der bis zu 2 Meter hoch sein kann, sitzen männliche und weibliche Blüten. Ein übler Geruch nach verrottendem Fleisch zieht die Bestäuber an.

Titanenwurz

Perfekte Täuschung

Chemische Mimikry ist in der Natur weit verbreitet. Pflanzen und Tiere ahmen einander nach und locken so Beute oder Bestäuber an, genau wie die Titanenwurz.

Die Bienen-Ragwurz sieht aus und riecht wie eine weibliche Biene. Drohnen, die auf der Blüte landen, nehmen den Pollen auf.

Bolaspinnen produzieren den Duft eines weiblichen Schmetterlings. Damit locken sie Männchen an, die sie dann fressen.

3 **Käfer-Detektiv** Der Aaskäfer, den sein Geruchssinn leitet, wird vom Gestank der Titanenwurz getäuscht: Er meint, dass er Nahrung entdeckt hat, und läuft schnell hin.

Wenn die weiblichen Blüten vom Käfer befruchtet wurden, werden Beeren daraus.

2 **Mief** Unter den Geruchsstoffen, die die Titanenwurz produziert, sind auch solche, die Schweißfüße stinken lassen, und andere üble Duftnoten.

4 **Befruchtung** Die Käfer krabbeln zuerst zu den männlichen Blüten, die über den weiblichen sitzen, wo sie mit Pollen bedeckt werden. Wenn sie dann weiter zu den weiblichen krabbeln, tragen sie den Pollen mit sich und bestäuben diese. So entstehen neue Samen.

Bombenfest

Wenn du hin und wieder Klebstoff verwendest, weißt du,
dass alles sauber und trocken sein muss, damit der Kleber hält.
Wie kann es dann sein, dass Seepocken sich unter Wasser
an raue Felsen heften? Natürlich mit Chemie!

Junge Seepocken heißen Cyprislarven.

Der Zement der Cyprislarve

Wenn eine Cyprislarve einen geeigneten
Felsen findet, auf dem sie sich niederlassen
will, sondert sie einen speziellen Zement
ab, mit dem sie sich für immer daran an-
haftet. Da der Zement auf nassen Flächen
nicht haftet, muss sie zuerst das Wasser
verdrängen.

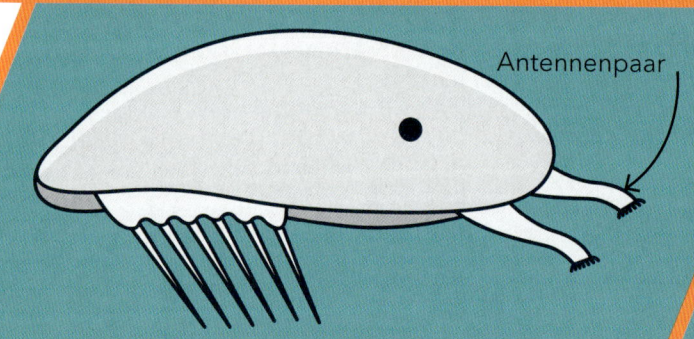

Antennenpaar

Schwimmen Auf der Suche nach einem
guten Platz treibt die Cyprislarve über
den Meeresboden. Mit ihren Antennen
tastet sie nach geeigneten Steinen.

Gestreifte Seepocke

Mit ihren Rankenfüßen fangen Seepocken im Meer ihre Nahrung.

Tiere und Pflanzen setzen sich mit unterschiedlichen Arten von Klebstoff an Oberflächen fest. Einige fangen mit Klebstoff ihre Beute.

Spinnen stellen für unterschiedliche Zwecke verschiedene Fäden her. Die Netzfäden sind mit Klebstofftröpfchen bedeckt, damit Fliegen hängen bleiben.

Seepocken

Den größten Teil ihres Lebens kleben Seepocken an einem Stein und ernähren sich von dem, was an ihnen vorbeischwimmt. Nach der Fortpflanzung treiben die Larven umher, bis sie einen geeigneten Stein gefunden haben.

Sonnentau ist eine fleischfressende Pflanze. Sie produziert viele winzige Klebstofftröpfchen, damit ihre Beute nicht mehr wegfliegen kann.

Öl- und Zementdrüse

Öl Wenn sie einen Felsen gefunden hat, scheidet sie zuerst einen Tropfen Öl aus, der das Wasser verdrängt, weil Öl und Wasser sich nicht mischen.

Zement Anschließend presst die Cyprislarve den Zement heraus, mit dem sie sich an den Felsen klebt. Sobald sie fest sitzt, wächst sie zur Seepocke heran.

Autsch,

Bombardierkäfer

Wenn ein Bombardierkäfer von einem Räuber angegriffen wird, stößt er mit dem Hinterteil ein kochend heißes Spray aus. Er kann damit direkt auf den Angreifer zielen. Selbst wenn es einem Frosch gelingt, einen Bombardierkäfer zu fangen, spuckt er ihn deshalb oft wieder aus.

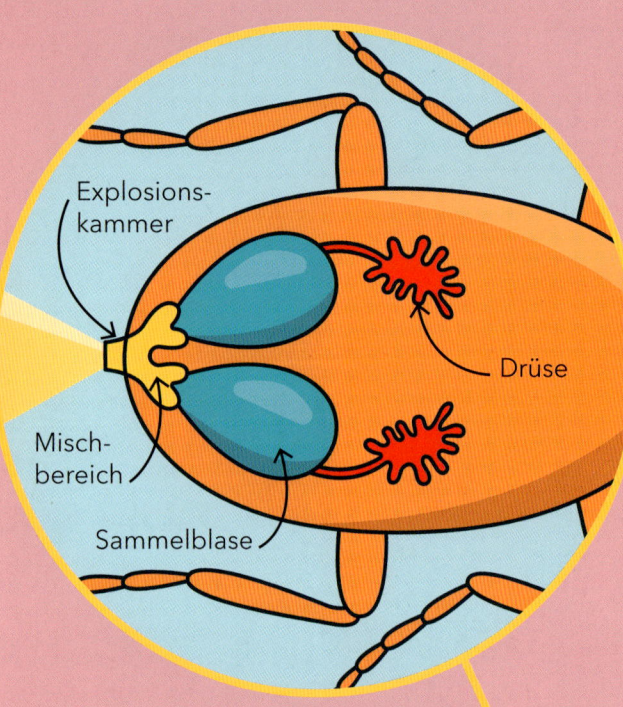

Explosions-
kammer

Drüse

Misch-
bereich

Sammelblase

Explosive Mischung

Der Käfer stellt in Drüsen zwei Stoffe her, die sehr heftig miteinander reagieren. Zum eigenen Schutz lagern sie getrennt voneinander in zwei Sammelblasen. Bei Gefahr werden sie im Mischbereich der Explosionskammer zusammengebracht – und dann PENG!

Bei der chemischen Reaktion entsteht große Hitze, sodass die Flüssigkeit kocht. Durch Gas, das sich ausdehnt, explodiert die Flüssigkeit nach draußen.

Asiatischer Bombardierkäfer

das brennt!

Der Bombardierkäfer ist ein Leckerbissen … wenn man ein Frosch ist. Er ist aber auch ein fachkundiger Chemiker und hat ein explosives Mittel zum Schutz vor Vertilgern entwickelt: Er feuert eine Ladung kochend heißer, ätzender Flüssigkeit auf sie ab!

Wasserfrosch

Das Spray verbrennt und reizt die Zunge des Froschs.

Chemische Verteidigung

Auch andere Tiere wissen, wie man chemische Stoffe zur Verteidigung herstellt. Einige der Substanzen sorgen dafür, dass das Tier dem Räuber nicht schmeckt. Andere schlagen ihn mit einem üblen Geruch in die Flucht.

Stinktiere sprühen aus einer Drüse am Hinterteil eine Flüssigkeit, die so furchtbar stinkt, dass Angreifer sich zurückziehen.

Marienkäfer setzen ein scheußlich schmeckendes, gelbes Sekret frei, das aus Öffnungen zwischen den Gelenken austritt.

Frostschutz

Krokodileisfisch

Eiskristalle Wenn Wasser gefriert, bilden sich zuerst winzige Eiskristalle, die dann immer größer werden. Würde sich im Blutkreislauf der Fische Eis bilden, könnte das Blut irgendwann nicht mehr fließen.

Frostschutz Der Eisfisch stellt Proteine her, die verhindern, dass sein Blut gefriert. Die Proteine lagern sich an kleine Eiskristalle an und sorgen dafür, dass diese nicht mehr weiterwachsen können.

Von Expeditionen an extrem kalte Orte wie den Südpol kehren Forscher oft mit Erfrierungen und Frostbeulen an Fingern oder Zehen zurück. Diese werden dann schwarz oder fallen sogar ab! Es gibt Fische, die in dieser Kälte leben können, ohne Schaden zu nehmen.

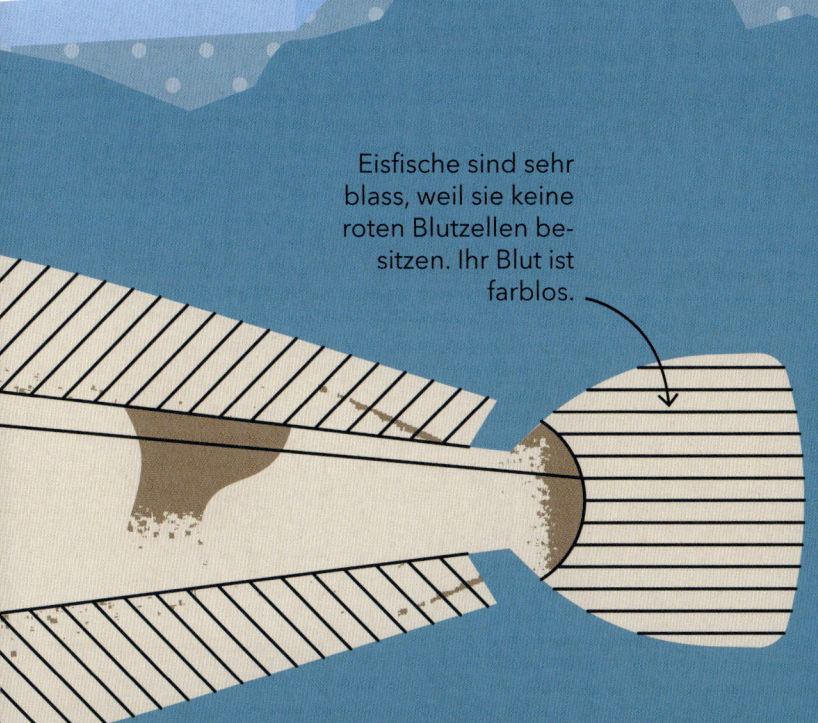

Eisfische sind sehr blass, weil sie keine roten Blutzellen besitzen. Ihr Blut ist farblos.

Eisfische

Diese Fische leben in den kalten Gewässern der Antarktis, wo die Temperaturen oft unter dem Gefrierpunkt liegen. Meerwasser gefriert knapp unter 0° C. Der Eisfisch hat chemische Stoffe im Blut, die dafür sorgen, dass sein Körper beweglich bleibt.

Leben in der Kälte

In den eiskalten Polargebieten leben viele Pflanzen und Tiere. Sie haben sich perfekt an Bedingungen angepasst, in denen andere Arten rasch sterben würden.

Amerikanische Rot-Kiefern produzieren einen zuckerhaltigen Baumsaft, der erst weit unter 0 °C gefriert. Außerdem bilden auch sie Frostschutzproteine.

Raupen des arktischen Falters *Gynaephora groenlandica* überleben eisige Wintertemperaturen mithilfe eines körpereigenen Frostschutzmittels.

Das Innere des Katzenauges

Iris *Linse*

Tapetum lucidum

Netzhaut

Das Auge einer Katze

Bei Katzen und anderen nachtaktiven Tieren trifft das Licht, das ins Auge fällt, hinter der Netzhaut auf das *Tapetum lucidum* („leuchtender Teppich"). Diese Schicht reflektiert das Licht wie ein Spiegel, sodass es die Netzhaut ein zweites Mal durchdringt. Auf diese Weise kann es besonders gut zum Sehen auch im Dunkeln genutzt werden.

Katzenaugen

Wenn eine Katze nachts über die Straße läuft, ist sie kaum zu übersehen: Ihre Augen scheinen zu leuchten! Das kommt daher, dass sie Licht reflektieren. Der britische Erfinder Percy Shaw (1890–1976) bemerkte das und baute Reflektoren, die genauso funktionieren und deshalb „Katzenaugen" heißen.

Leitplanken mit Reflektoren

Leitplanken mit Reflektoren dienen der Sicherheit im Straßenverkehr. Spiegel an der Rückwand der Reflektoren werfen das Scheinwerferlicht zurück in die Richtung, aus der es kommt. So leuchtet die Markierung sehr hell und zeigt Autofahrern auch im Dunkeln den Verlauf der Straße an.

Spiegel

Das Innere des Reflektors

Fernsteuerung

Elektrizität ist für uns unentbehrlich. Haushaltsgeräte und Handys werden mit Strom betrieben. Aber nicht nur wir Menschen nutzen Elektrizität. Einige Tiere produzieren elektrische Energie und können damit sogar andere Tiere fernsteuern!

Zitteraale

Zitteraale leben in den Flüssen Südamerikas. Sie können in ihrem Körper Strom erzeugen und speichern und bei Bedarf blitzschnell ins Wasser entlassen. So finden und betäuben sie ihre Beute.

Elektrische Zellen

Strom besteht aus elektrisch geladenen Teilchen, die sich bewegen. Zitteraale haben Zellen, in denen positive und negative Teilchen wie in einer Batterie getrennt gelagert werden. Wenn sie auf Befehl blitzschnell gemischt werden, entsteht ein Stromstoß.

Die Muskeln des Fisches zucken unkontrollierbar, sodass der Aal ihn entdeckt.

Auf der Suche nach Beutefischen feuert der Aal zwei Stromstöße ab.

Der Stromschlag des Zitteraals ist mehr als doppelt so stark wie der, den man an der Steckdose bekommen kann.

Schlimmer Schock

Im Körper werden die Muskeln über das Nervensystem mithilfe von elektrischen Signalen gesteuert. Der Aal bringt mit seiner Elektrizität die Muskeln der Fische in der Umgebung zum Zucken und sieht so, wo sie sich verstecken. Mit einem noch stärkeren Schlag betäubt er sie und schnappt sie sich.

Die Beute lähmen

Andere Tiere machen ihre Beute nicht mit Elektrizität bewegungsunfähig, sondern mit chemischen Stoffen, die Körperfunktionen außer Kraft setzen.

Landkarten-Kegelschnecken spritzen Insulin ins Wasser: Der Stoff baut den Blutzucker ab. Vorüberschwimmende Fische ermüden und werden langsam, sodass sie leicht zu fangen sind.

Bienenwolf-Weibchen stechen Honigbienen und injizieren ihnen einen Stoff mit lähmender Wirkung. Dann tragen sie die Bienen in ihr Nest, damit ihre Larven sie fressen können.

Zombie-schnecken

Ein Parasit ist ein Lebewesen, das im Körper eines anderen Lebewesens lebt. Der Parasit schadet dem Wirt, weil er ihm Nährstoffe wegnimmt. Manche Parasiten haben geniale Methoden entwickelt, um von einem Wirt zum nächsten zu gelangen.

Parasitische Würmer

Einige parasitische Würmer wie *Leucochloridium paradoxum* leben teils in Schnecken und teils in Vögeln. Aber wie kommen die Würmer von einem Wirt zum anderen? Sie nutzen eine geschickte Verkleidung und sogar eine Form von Verhaltens-steuerung!

Amsel

Vogel als Wirt Im Darm des Vogels reifen die Würmer heran, paaren sich und legen Eier. Der Vogelkot ist dann voller Wurmeier.

Leckere Mahlzeit Die Säcke in den Augenstielen sehen aus wie dicke Raupen. Ein Vogel pickt die Säcke ab und schluckt damit auch die Parasiten.

Der Sack ist mit Parasiten-babys gefüllt.

Leucochloridium paradoxum

Der Sack pulsiert und sieht dadurch einer Raupe noch ähnlicher.

Lebenszyklus

Leucochloridium paradoxum befällt Bernsteinschnecken. Vögel wie Amseln und Drosseln fressen die Augenstiele und nehmen so die Parasiten auf. Die Stiele wachsen nach und der Vorgang wiederholt sich.

Bernsteinschnecke

Eier werden gefressen
Wenn eine Schnecke ein Blatt mit infiziertem Vogelkot frisst, nimmt sie damit die Parasiteneier auf, ohne es zu bemerken.

Befallene Schnecke In der Schnecke schlüpfen aus den Eiern kleine Würmer. Sie wandern in die Augenstiele der Schnecke und bilden dort Säcke aus, in denen sie wachsen.

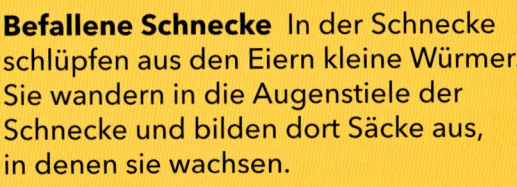

Die Parasiten verleiten die Schnecke dazu, ans Tageslicht zu kriechen, sodass Fressfeinde sie leichter finden.

Verhaltenssteuerung Viele Parasiten beeinflussen das Verhalten ihres Wirts, damit sie möglichst schnell und weit verbreitet werden.

Toxoplasma-Parasiten pflanzen sich ausschließlich in Katzen fort. Befallene Nagetiere wie Mäuse haben weniger Angst vor Katzen, sodass sie öfter gefressen werden.

Zombie-Pilze infizieren Ameisen und sorgen dafür, dass sie auf Pflanzen klettern. Stirbt die Ameise, setzt der Pilz Sporen frei, die auf neue Opfer herabregnen.

Auf Futterpflanzen sammeln sich große Gruppen von Blattläusen.

Röhren-blattlaus

Die Ameise tippt die Blattlaus mit ihren Fühlern an, damit sie Honigtau abgibt.

Blattläuse

Die Blattlaus verfügt über einen Stechrüssel, mit dem sie den Pflanzensaft ansaugt. Da der Saft viel Zucker enthält, kann sie ihn nicht ganz verdauen und scheidet überschüssige Mengen aus. Von diesem „Honigtau" ernähren sich die Ameisen.

Läusezüchter

Ameisen und Blattläuse haben eine besondere Beziehung zueinander. Blattläuse sind sehr geschickt darin, Pflanzen ihren zuckerhaltigen Saft zu entziehen, aber sie können sich nicht besonders gut verteidigen. Daher lassen die Läuse sich von Ameisen beschützen und im Gegenzug von ihnen melken.

Neue Weideflächen

Wenn die Blattläuse zu viel Pflanzensaft absaugen, sterben Teile der Pflanze ab. Dann tragen die Ameisen die Blattläuse zu einer neuen Pflanze, damit sie weiter Honigtau produzieren.

Die Ameisen tragen die Blattläuse in ihrem Kiefer zu einer neuen Pflanze.

Argentinische Ameise

Marienkäfer

Ameisen

Im Gegensatz zu den wehrlosen Läusen haben Ameisen einen starken Kiefer, mit dem sie gut zubeißen können. Sie verteidigen die Blattläuse gegen Vertilger wie Marienkäfer und werden dafür mit dem süßen Saft belohnt. So haben Ameisen und Blattläuse eine Beziehung, die für beide Seiten Vorteile bringt.

Gegenseitige Hilfe

Es gibt in der Natur noch viele weitere Beispiele für solche Beziehungen, in denen Partner einander helfen. Man nennt das „Symbiose".

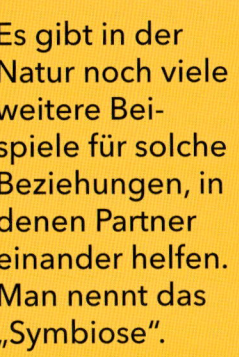

Seeigel-Krabben tragen einen stachligen Seeigel mit sich herum. Die Stacheln schützen die Krabbe vor Räubern, und der Seeigel kommt so zu seiner Nahrung.

Bienen helfen Pflanzen, indem sie Pollen von Blüte zu Blüte tragen, sodass die Pflanzen Samen produzieren können. Dafür erhalten die Bienen Blütennektar.

Pflanzen-professor

Der Pfeifhase ist ein kleines Säugetier, das Pflanzen frisst. Einige Arten leben in Bergregionen, wo es im Sommer viel Futter gibt, im Winter aber keines. Sie legen daher Nahrungsvorräte an. Aber wieso verrotten die Pflanzen nicht? Pfeifhasen wissen, welche Gräser und Kräuter wann zum Verzehr bereit sind.

Amerikanischer Pfeifhase

1 **Sommer** Im Sommer wachsen Klee und Berg-Nelkenwurz. Der Pfeifhase frisst aber nur Klee, weil Nelkenwurz das Gift Phenol enthält.

2 **Erntezeit** Für den Vorrat, den er in einer Felsenhöhle anlegt, sammelt er Klee und Berg-Nelkenwurz. Die Nelkenwurz ist noch einige Zeit ungenießbar, hält sich aber bis zum Winter.

Pfeifhasen

Der Pfeifhase sammelt viele Pflanzen. Roter Wiesenklee ist sein Lieblingsfutter, aber der hält sich leider nicht lange. Die gelbe Berg-Nelkenwurz dagegen enthält chemische Stoffe, die zwar anfangs giftig sind, die Pflanze aber lange frisch halten.

Wiesenklee   **Berg-Nelkenwurz**

Nicht nur der Pfeifhase weiß, wie man pflanzliches Futter einlagert. Einige Tiere nutzen Pflanzen sogar als Heilmittel!

Der Eichelspecht sammelt im Herbst Eicheln und stopft sie in Löcher, die er dazu in einen bestimmten Baumstamm klopft. Im Winter verzehrt er die Eicheln.

Gorillas verleiben sich ganze Bündel von haarigen Blättern ein, die sie unzerkaut schlucken. Die Blätter helfen gegen Darmparasiten.

3 Monate später

3

4

Herbstmenü Im Herbst frisst der Pfeifhase weiterhin nur Klee, denn die Nelkenwurz ist noch zu giftig, und der Klee muss aufgefressen werden, bevor er fault.

Winter Jetzt ist der Klee aufgefuttert und das giftige Phenol in der Berg-Nelkenwurz hat sich verflüchtigt. Nun kann der Pfeifhase die Pflanze verzehren.

Gar nicht scharf!

Wenn du gewürztes Essen magst, weißt du, wie scharf viele Chilischoten schmecken. Vögel können so viele Chilis essen, wie sie wollen, sie spüren nichts dergleichen. Die Chilipflanze weiß eben, wie sie die Verbreitung ihres Samens sichert.

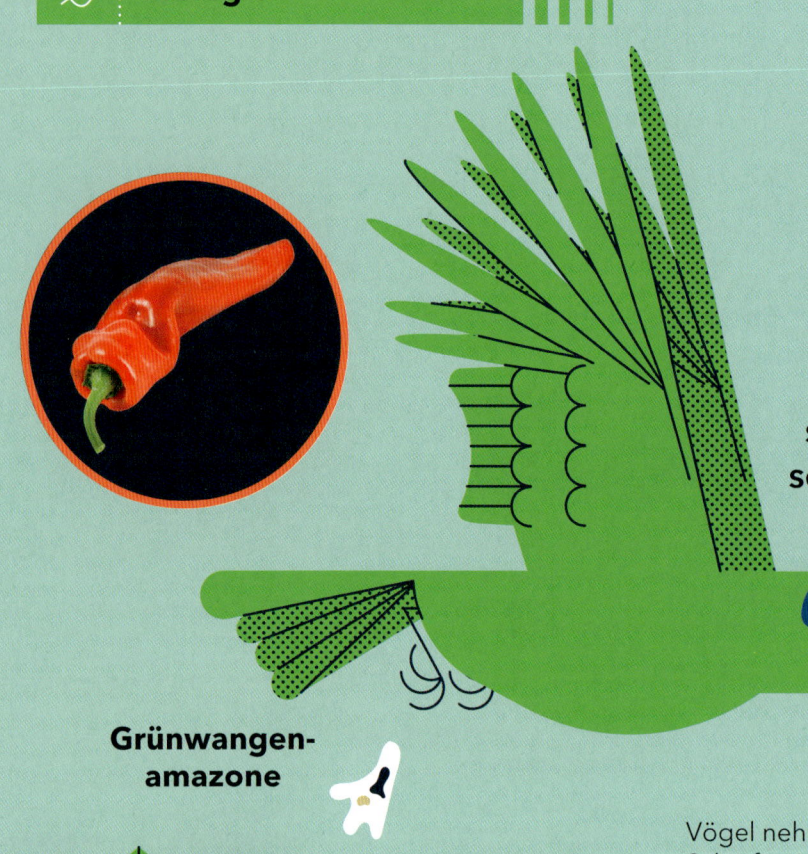

Grünwangen-amazone

Vögel nehmen die Schärfe nicht wahr und fressen gern Chilis – mitsamt Samenkörnern.

Chilipflanze

Chilischoten

Chilischoten enthalten Samen, die verteilt werden müssen, damit neue Pflanzen wachsen können. Wenn ein Vogel eine Chilischote frisst, werden die Körner mit dem Kot unverdaut wieder ausgeschieden. Beim Umherfliegen verteilen Vögel die Samen weit. Das ist gut für die Pflanze.

Wenn der Vogel die unverdauten Samen ausscheidet, sind sie bereit zu sprießen.

Der Kot enthält Nährstoffe, die der Samen aufnimmt.

Aus den Samenkörnern wachsen neue Chilipflanzen, und der Kreislauf beginnt von vorn.

Viele Pflanzen und Tiere produzieren schlecht schmeckende Stoffe als Verteidigung, damit sie nicht gefressen werden. Einige dieser Substanzen sind zudem auch noch giftig.

Akazien stellen in ihren Blättern Stoffe namens Tannine her, die so bitter schmecken, dass Pflanzenfresser das Interesse verlieren.

Monarchfalter speichern das Gift der Seidenpflanze in ihrem Körper und schmecken damit den üblichen Vertilgern nicht mehr.

Capsaicin-Moleküle reizen die Nerven in der Zunge von Säugetieren.

Säugetierzunge

Auf Säugetierzungen löst die in den Chilischoten enthaltene Substanz Capsaicin ein starkes Brennen aus. Auch das ist gut für die Pflanze, denn im Darm von Säugetieren werden die Samen zerstört. Vogelzungen nehmen Capsaicin dagegen nicht wahr, also spüren sie auch keine Schärfe.

Geoffroy-Klammeraffe

45

Schnabelnase

Japanische Hochgeschwindigkeitszüge gehören zu den schnellsten der Welt. Doch bei der Einfahrt in einen Tunnel verdichtet sich die Luft, die sie vor sich her schieben, zu einer Druckwelle, die beim Entweichen am Tunnelausgang einen extrem lauten Knall erzeugt. Konstrukteure fanden die Lösung zu diesem Problem in der Natur.

Zugspitze

Der Zug Shinkansen 500 hat eine Nase, die dem Schnabel des Eisvogels nachempfunden ist. Mit ihr schneidet er besser durch die Luft. Die Druckwelle vor dem Zug wird soweit minimiert, dass der Tunnelknall ausbleibt.

Luftstrom

Hochgeschwindigkeitszug im Tunnel

Der Schnabel des Eisvogels

Eisvögel tauchen mit dem Schnabel voraus ins Wasser und fangen Fische. Dabei ist kaum ein Geräusch zu hören, es spritzt wenig Wasser auf, und der Vogel verringert seine Geschwindigkeit so gut wie gar nicht.

Eisvogel taucht ins Wasser.

Wasser-strom

47

Supergarn

Spinnen sind hervorragende Baumeisterinnern. Sie weben feine, fast unsichtbare Netze, die aber unglaublich stark sind. Dazu produzieren sie mehrere Arten von Spinnenseide, die verschiedene Eigenschaften haben: von besonders dehnbar bis äußerst klebrig.

Ein Spinnenfaden, den man um die ganze Erde wickeln könnte, hätte nicht mehr Gewicht als eine Suppendose!

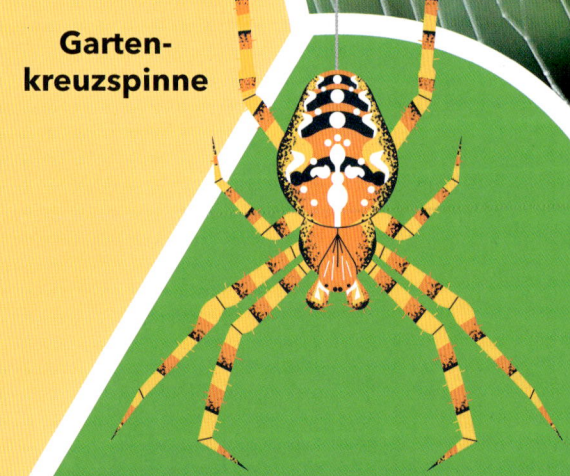

Garten-kreuzspinne

Seidene Falle

Einige Spinnen setzen ihre Netze beim Beutefang auf ungewöhnliche Art ein.

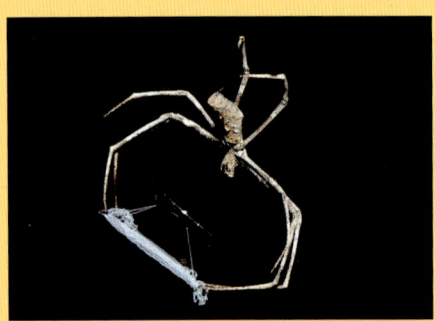

Kescherspinnen
spinnen ein Fangnetz, das sie zwischen ihren Beinen halten. Fliegt nun ein Insekt vorbei, werfen sie das Netz rasch darüber.

Katapultspinnen
nutzen ihr Netz wie eine Schleuder: Sie spannen die extrem elastischen Fäden mit ihrem Körper und lassen sich dann auf ihre Beute katapultieren.

Spinnen

Spinnen weben Netze, um damit Insekten zu fangen. Die Fäden bestehen aus Spinnenseide. Die Haltefäden sind reißfest. Der Faden, aus dem die Fangspirale gebaut ist, ist elastisch und klebrig.

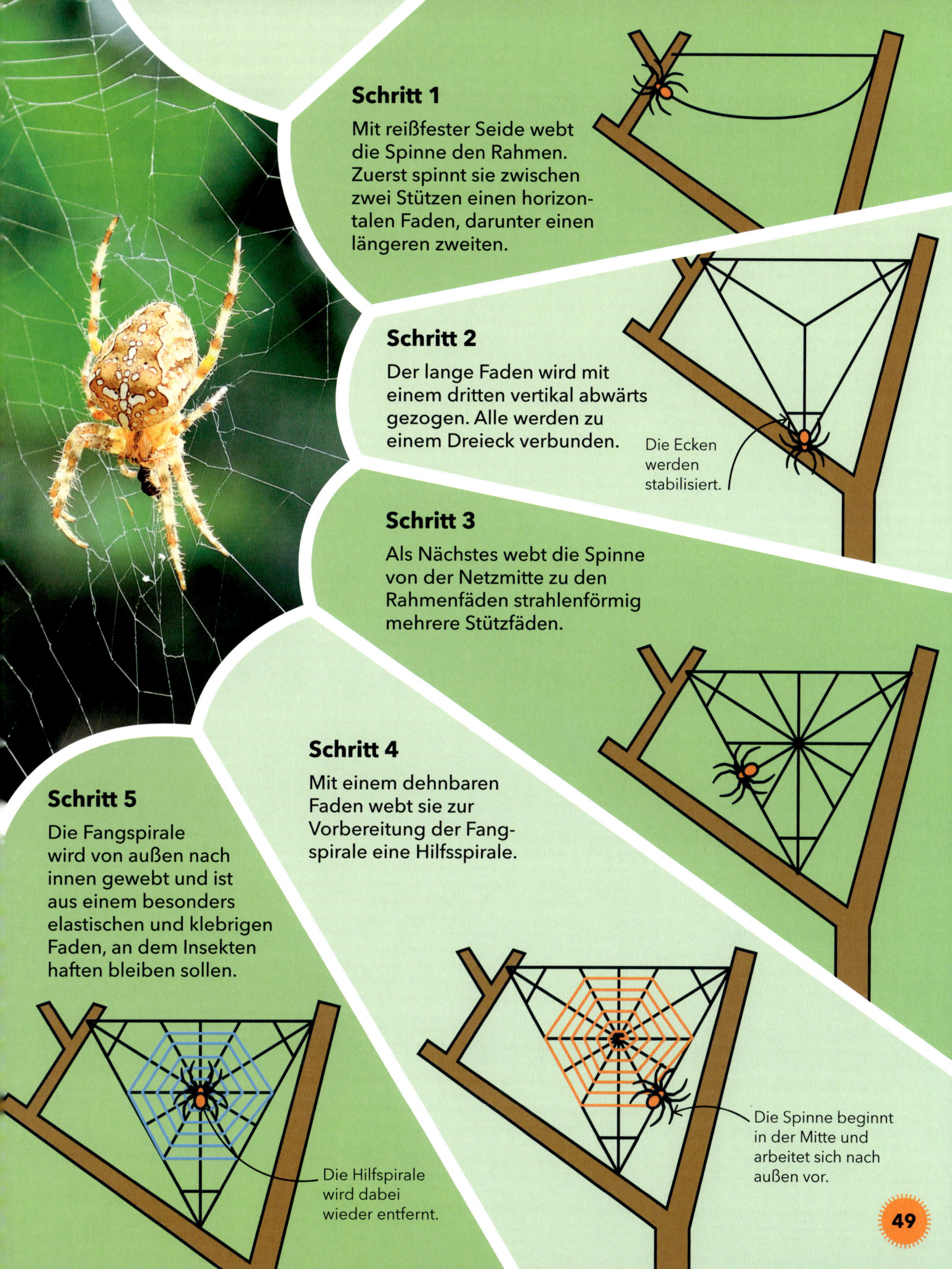

Schritt 1

Mit reißfester Seide webt die Spinne den Rahmen. Zuerst spinnt sie zwischen zwei Stützen einen horizontalen Faden, darunter einen längeren zweiten.

Schritt 2

Der lange Faden wird mit einem dritten vertikal abwärts gezogen. Alle werden zu einem Dreieck verbunden.

Die Ecken werden stabilisiert.

Schritt 3

Als Nächstes webt die Spinne von der Netzmitte zu den Rahmenfäden strahlenförmig mehrere Stützfäden.

Schritt 4

Mit einem dehnbaren Faden webt sie zur Vorbereitung der Fangspirale eine Hilfsspirale.

Schritt 5

Die Fangspirale wird von außen nach innen gewebt und ist aus einem besonders elastischen und klebrigen Faden, an dem Insekten haften bleiben sollen.

Die Hilfsspirale wird dabei wieder entfernt.

Die Spinne beginnt in der Mitte und arbeitet sich nach außen vor.

Zahnräder

Viele unserer besten Erfindungen waren bei Pflanzen und Tieren schon im Einsatz, lange bevor wir Menschen auf die Idee kamen. Hast du dir schon einmal die Zahnräder an deinem Fahrrad angesehen? Wir dachten nicht, dass es Zahnräder in der Natur gibt. Aber ein winziges Insekt macht damit große Sprünge.

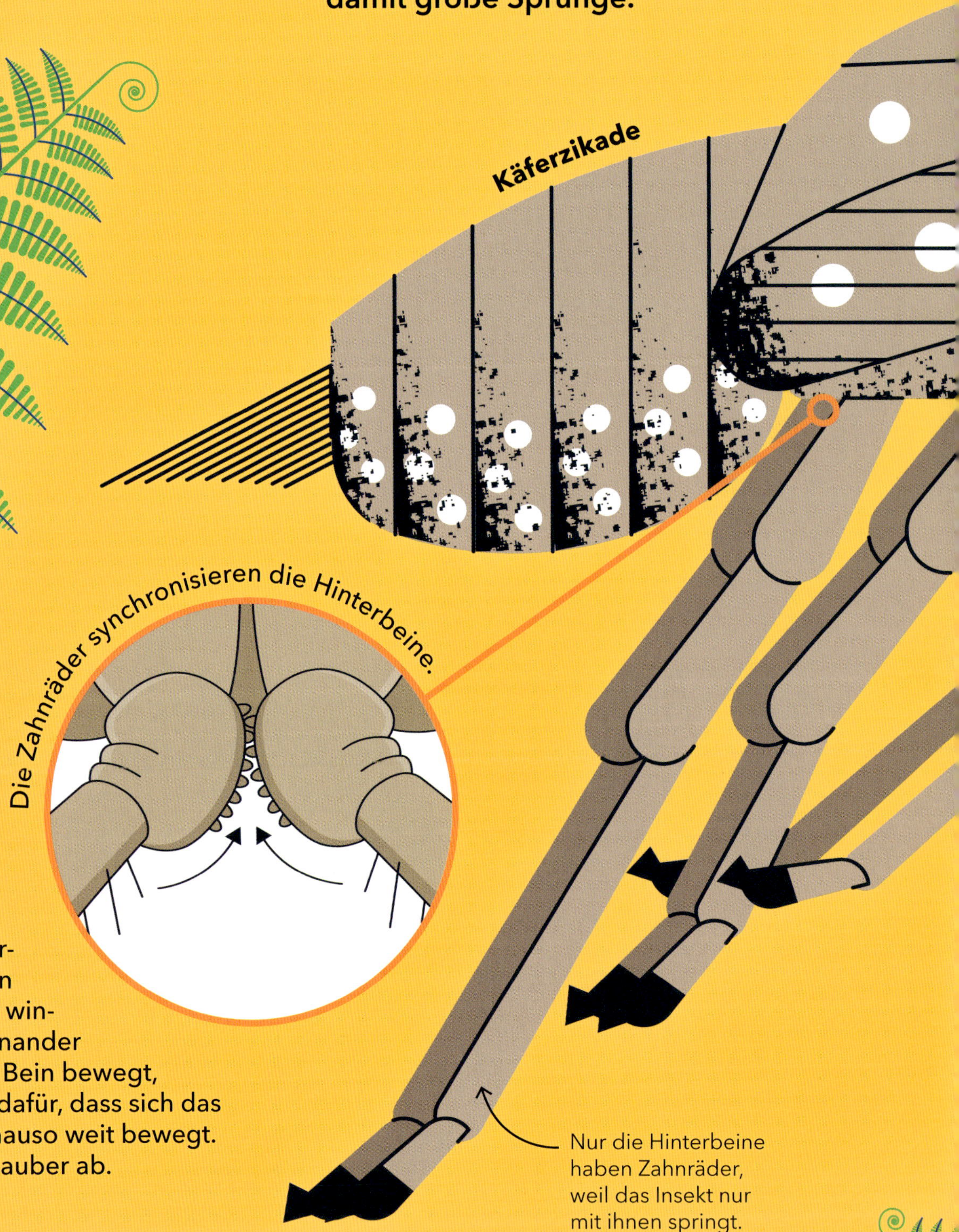

Käferzikade

Die Zahnräder synchronisieren die Hinterbeine.

Sprunggetriebe

Ganz oben an den Hinterbeinen der Käfer-zikaden-Nymphe sitzen zwei Zahnräder, deren winzige Zähne genau ineinander passen. Wenn sich ein Bein bewegt, sorgt die Verzahnung dafür, dass sich das andere Bein exakt genauso weit bewegt. So springt das Insekt sauber ab.

Nur die Hinterbeine haben Zahnräder, weil das Insekt nur mit ihnen springt.

Käferzikaden

Käferzikaden leben auf Pflanzen und ernähren sich von ihrem zuckrigen Saft. Sie bewegen sich springend fort und haben dafür kräftige Hinterbeine. Für einen Sprung müssen beide Beine genau gleichzeitig abheben. Das Jungtier dieser Zikadenart löst dieses Problem mit einem Räderwerk.

Käferzikaden sind nicht die einzigen Tiere, die Mechanik einsetzen. Auch andere nutzen die Hebelwirkung und es gibt sogar Lebewesen mit Motoren.

Rote Riesenkängurus haben sehr lange Hinterbeine, in denen mechanische Kräfte nach dem Hebelgesetz und dem Federprinzip wirken.

Bakterien bewegen sich mithilfe von sogenannten Geißeln fort. Sie funktionieren wie ein Propeller und werden von einem Motor im Bakterium angetrieben.

Ausgewachsene Tiere haben den Mechanismus nicht. Vielleicht, weil sie sich nicht mehr häuten und damit das Risiko eines Defekts, der nicht mehr repariert werden kann, zu groß wäre.

Siedelweber

Häuslebauer

Viele Tiere bauen Eigenheime, um sich und ihren Nachwuchs vor Feinden und schlechtem Wetter zu schützen. Die Siedelweber sind ein gutes Beispiel. Sie erbauen gemeinsam gigantische Nester aus Zweigen und Gras.

Webervögel

Siedelweber leben im südlichen Afrika, wo es im Winter kalt und im Sommer sehr heiß ist. Die Vögel bauen ein großes Gemeinschaftsnest mit vielen Bruthöhlen, in denen es in der Hitze kühl und bei Kälte warm bleibt.

Die besten Nester

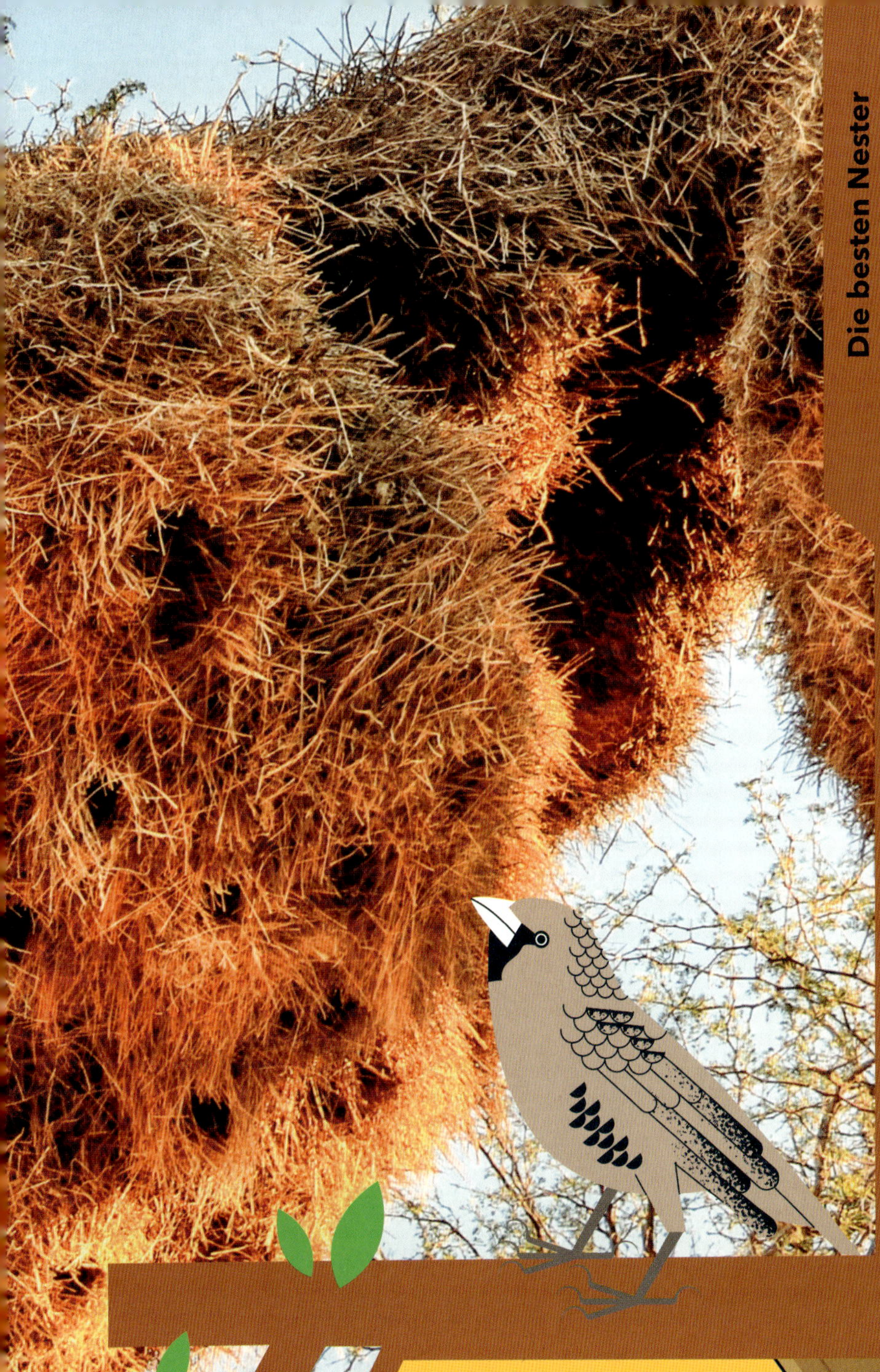

Tiere bauen Nester aus allen möglichen Materialien, darunter Pflanzen und Erde. In solchen Behausungen sind sie vor Wind, Regen und anderen Umwelteinflüssen geschützt.

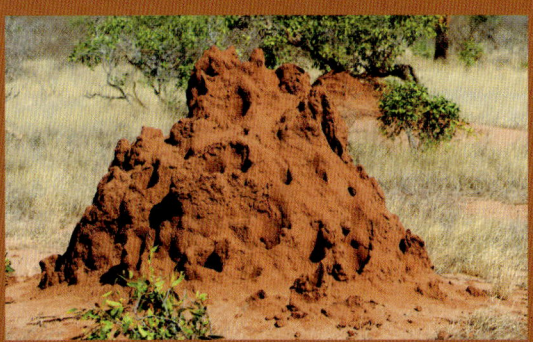

Termiten leben in riesigen Erdhügeln, in denen sie ein kompliziertes Netz von Gängen, Zellen und Lüftungsschächten anlegen, damit es kühl bleibt.

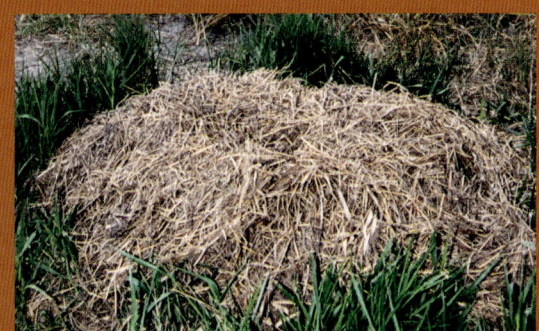

Mississippi-Alligatoren bauen Nester aus verrottendem Pflanzenmaterial, in dem Faulgase Wärme spenden.

In bester Lage

Jede Familie hat eine eigene Bruthöhle im Nest. Die besten Bruthöhlen liegen in der Mitte. Dort bleibt die Temperatur stabil, weil die umliegenden Kammern sie isolieren.

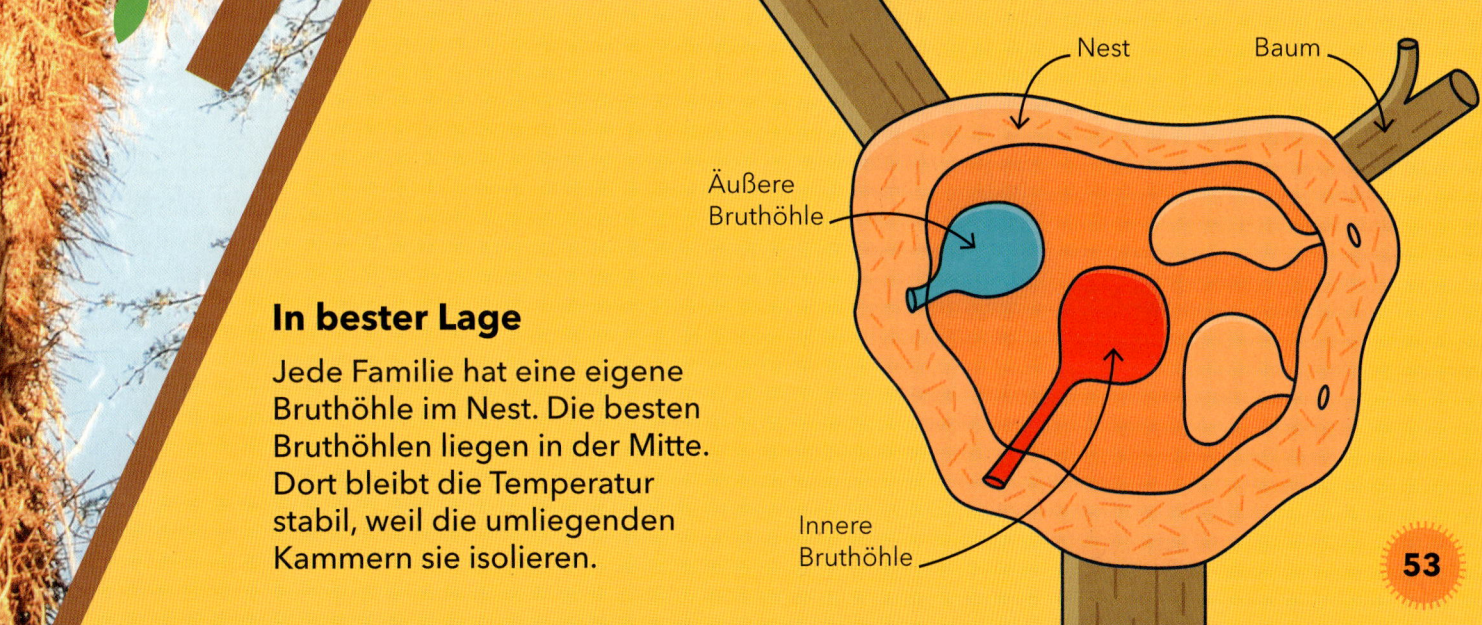

Nest
Baum
Äußere Bruthöhle
Innere Bruthöhle

Landschafts-architekten

Biber leisten Schwerstarbeit. Mit ihren großen, scharfen Zähnen nagen sie Baumstämme rundum an, bis diese umfallen. Aus dem Holz bauen sie in Bächen und an Flüssen Dämme. Was sie davon haben? Sie bekommen ihren eigenen See!

Die Vorderzähne des Bibers sind orangefarben, weil sie mit Eisen verstärkt sind!

Bach stauen

Wenn eine Biber-Familie einen Bau errichten will, baut sie zuerst einen Damm durch einen Bach. Der Bach wird gestaut, und der Abschnitt vor dem Damm erweitert sich. In den kleinen See, der entsteht, bauen die Biber ihren Bau, und leben dann dort.

Vorher Der Bach fließt ungehindert. Die Biber bauen einen Damm von Ufer zu Ufer.

Biber

Mit Dämmen sorgen Biber dafür, dass sich kleinere Fließgewässer zu Seen verbreitern. Die geschickten Schwimmer können dann durch den überfluteten Wald schwimmen und Zweige und Rinde fressen, ohne Feinde fürchten zu müssen.

Amerikanischer Biber

Damm errichten

Die Biber stauen den Bach mit Hölzern und Schlamm. So entsteht ein Damm, der mit Zweigen verstärkt wird, die die Biber von Bäumen abnagen. Auch ihren Bau errichten sie aus Zweigen.

Nicht nur Biber verändern die Natur um sich herum. Auch andere Tiere und Pflanzen nehmen Einfluss auf ihren Lebensraum.

Gelbe Wiesenameisen trifft man selten über der Erde an. Sie errichten ihre Kolonien unterirdisch, sodass oft ganze Wiesen mit Hügeln überzogen sind.

Waldbäume schlucken viel Sonnenlicht. Damit verändern sie ihre Umgebung, weil auf dem verschatteten Waldboden nicht alle Pflanzen wachsen können.

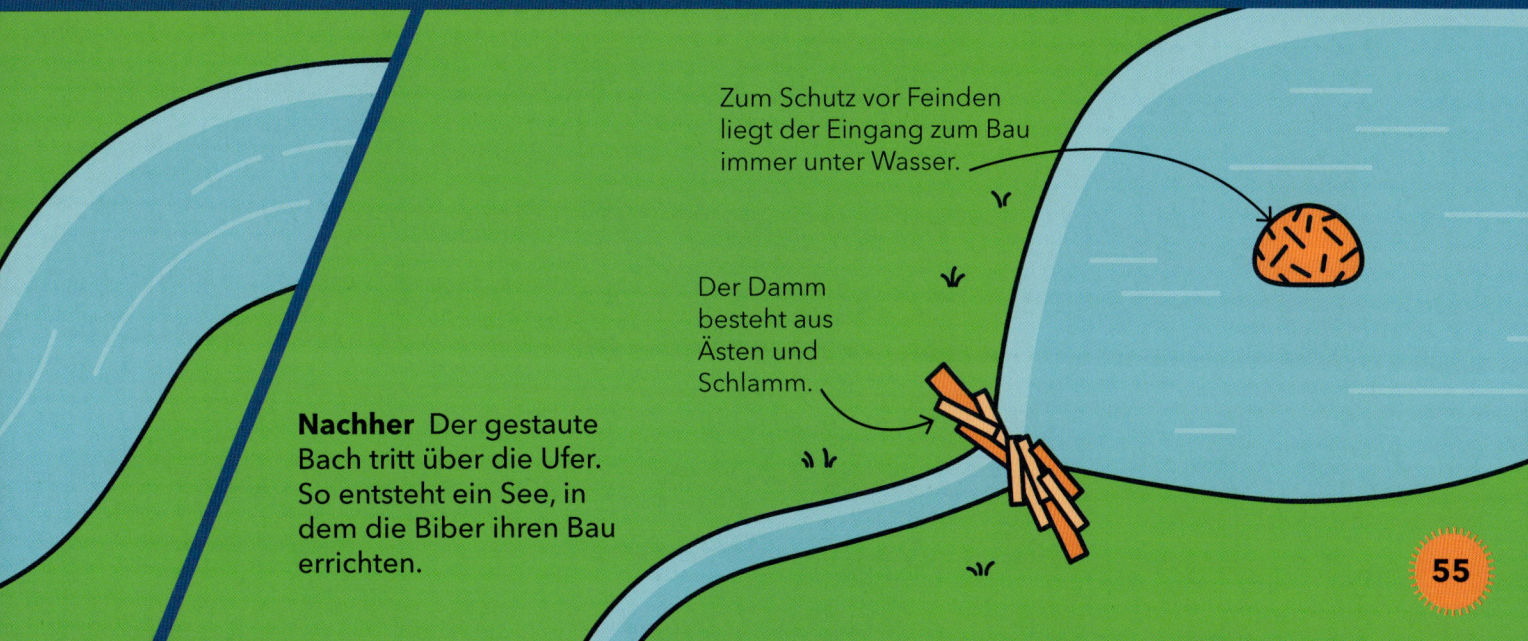

Zum Schutz vor Feinden liegt der Eingang zum Bau immer unter Wasser.

Der Damm besteht aus Ästen und Schlamm.

Nachher Der gestaute Bach tritt über die Ufer. So entsteht ein See, in dem die Biber ihren Bau errichten.

Bewegliche Solarmodule

Solarmodule wandeln Sonnenlicht in elektrischen Strom um. Das geht am besten, wenn das Sonnenlicht direkt auf sie fällt. Aber die Sonne wandert jeden Tag über den Himmel. Viele Blätter, die mithilfe des Sonnenlichts Nahrung erzeugen, folgen dem Lauf der Sonne. Dabei neigt jedes einzelne Blatt langsam seinen Stiel. So machen es jetzt auch einige Solarmodule!

Blatt der Baumwolle

Sogenannte Motorzellen im Stiel des Blatts verlängern sich jeweils auf der Schattenseite, sodass sich das Blatt zur Sonne hin bewegt. Damit die Zellen schwellen oder schrumpfen, strömt Wasser ein oder aus.

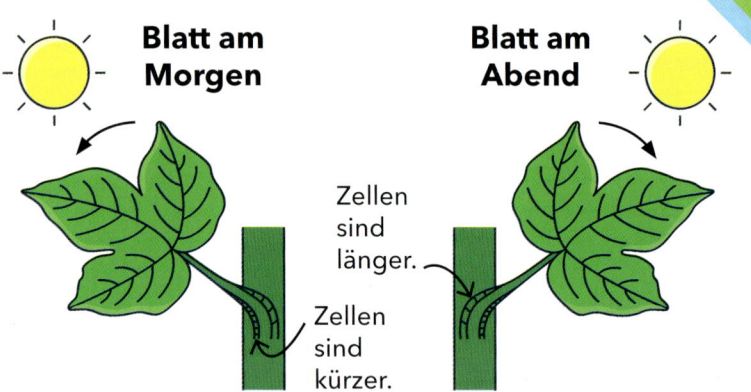

Blatt am Morgen

Blatt am Abend

Zellen sind länger.

Zellen sind kürzer.

Solarmodule

Wie die Blätter der Baumwolle folgen auch diese Solarmodule der Sonne. Mit Motoren werden sie im Lauf des Tages von Osten nach Westen gedreht. So können sie mehr Elektrizität pro Tag erzeugen.

**Westliche
Honigbiene**

Magische Sechsecke

Eine Form mit sechs gleich langen Seiten nennt man Sechseck oder Hexagon. Sechsecke haben besondere mathematische Eigenschaften. Bienen kennen dieses Geheimnis und bauen daher ihre Waben als Sechsecke.

Bienen

Erwachsene Bienen bauen in Gemeinschaftsarbeit aus Wachs viele kleine Zellen für den Honig und ihre Larven. Sie legen sie dicht nebeneinander an, sodass große Bienenwaben entstehen.

Wiederkehrende Muster

In der Natur kommen viele Muster immer wieder vor. Sechsecke sind sehr häufig, weil sich damit Dinge sehr gut dicht zusammenpacken lassen.

Das Wassernetz ist eine Algenart, die netzförmige Kolonien aus Sechs- und Fünfecken bildet.

Die Facettenaugen von Insekten bestehen aus vielen winzigen sechseckigen Linsen, die alle auf engstem Raum zusammenliegen.

Sechsecke

Die Zellen in Bienenwaben sind als Sechsecke neben- und übereinander angeordnet, weil Sechsecke lückenlos aneinanderpassen. Quadrate oder Dreiecke liegen genauso dicht, aber die Bienen bräuchten für gleich große Zellen mehr Wachs.

Die sechseckigen Zellen teilen sich die Wände mit ihren Nachbarn, das spart Wachs.

Die beiden Lagen einer Wabe werden Rücken an Rücken gebaut. Mit ihren spitzen Enden fügen sich die Zellen auch hier genau ineinander. Auch das spart Wachs.

59

Zählende Zikaden

Der Lebenszyklus der Periodischen Zikade ist einzigartig. Die Insekten verbringen eine exakte Zahl von Jahren unter der Erde und kommen dann alle auf einmal in einem großen Schwarm heraus. So wollen sie sicherstellen, dass sich genügend Exemplare fortpflanzen können, denn sie haben viele Fressfeinde.

Gemeiner Star

Vögel wie der Star sind Fressfeinde der Zikade.

Zikaden-Nymphen ernähren sich von dem süßen Saft in Baumwurzeln.

Siebzehnjahr-Zikade

Grauhörnchen

Auch für Säugetiere wie das Grauhörnchen sind Zikaden ein Festmahl.

Primzahlen

13 und 17 sind Primzahlen, die nur durch 1 und sich selbst teilbar sind. Forscher vermuten, dass die Zikade einen Primzahlzyklus angenommen hat, weil er sich selten mit anderen Zyklen überschneidet. Der Lebenszyklus der meisten Räuber ist viel kürzer, sodass Begegnungen seltener zu erwarten sind.

Primzahlen zu berechnen, das schaffen nur wenige Tiere. Es gibt aber einige, die nicht immer zur gleichen Zeit aktiv sind, sodass sich Räuber nicht fest darauf einstellen können.

Die Merriams Kängururatte sucht bei Vollmond lieber nicht nach Futter, weil nachtaktive Räuber sie im hellen Mondschein leichter sehen würden.

Weißwedelhirsche mit jungen Kitzen äsen lieber am Tag als in der Dämmerung, weil dann kaum Kojoten unterwegs sind, die die Kitze fressen könnten.

Periodische Zikaden

Periodische Zikaden verbringen als Nymphen 13 oder 17 Jahre unter der Erde. Dann kommen sie im Schwarm hervor, um sich in erwachsene Tiere zu verwandeln. Diese leben nur wenige Wochen, paaren sich und legen Eier. Der Schwarm lockt viele hungrige Feinde an.

Sphecius speciosus

Sphecius speciosus ist eine Wespenart in Ost- und Mittelamerika, die ihre Eier in erwachsene Zikaden legt. Die geschlüpften Larven fressen die Zikade bei lebendigem Leib auf.

Jahre zählen

Woher wissen die Nymphen, wann 13 oder 17 Jahre vorüber sind? Das wird noch erforscht, aber vielleicht zählen sie die Veränderungen in ihrer Wurzelsaft-Nahrung übers Jahr.

Tödlicher Countdown

Fliege lässt sich nieder Die Pflanze hat Blätter mit dicken Fangborsten an den Rändern. Mit ihrem fruchtigen Duft und der roten Farbe lockt sie die Fliege an.

1

Fühlborste wird berührt In jedem Fangblatt sitzen Fühlborsten. Wird nur eine Borste berührt, geschieht nichts – es könnte auch ein Regentropfen sein.

Addition

Das Zählen der Berührungen ist ein schlauer Trick der Venusfliegenfalle. Aber auch andere Tiere können Dinge zusammenzählen!

Afrikanische Wildhunde zählen wahrscheinlich Stimmen, wenn sie entscheiden, wann sie jagen gehen. Sie stimmen durch Niesen ab!

Löwen zählen, wie viele einzelne Brüller sie hören, wenn sie herausfinden wollen, ob ein anderes Rudel größer oder kleiner ist als ihres.

Die Venusfliegenfalle ist eine fleischfressende Pflanze: Sie frisst Insekten. Sobald eine Fliege auf ihr landet, schnappt die Falle zu. Aber woher weiß die Pflanze, dass es wirklich eine Fliege und kein Regentropfen ist? Sie kann zählen!

Venusfliegenfallen

Venusfliegenfallen leben auf nährstoffarmen Böden. Sie ergänzen ihre Nahrung mit Insekten, um genug Nährstoffe zu erhalten. Die Pflanze nimmt ihre Beute wahr, indem sie zählt, wie oft ihre Fühlborsten berührt werden.

2

3

5

4

Falle klappt zu Wird eine zweite Borste berührt, ist wahrscheinlich Beute gelandet, und die Falle macht SCHNAPP!

Verdauungssäfte Damit keine Energie verschwendet wird, zählt die Pflanze noch drei Berührungen. Dann setzt sie zersetzende Verdauungssäfte frei.

Schmeiß-fliege

Venusfliegenfalle

Fühlborsten

Berührt eine Fliege eine Fühlborste, wird ein leichtes elektrisches Signal ins Blatt gesendet. Werden innerhalb von 20 Sekunden zwei Borsten berührt, bewirken die beiden Signale zusammen, dass die Falle zuschnappt.

Blütenspiralen

In der Natur gibt es viele Muster, zum Beispiel die Fellzeichnung der Zebras oder das Spinnennetz. Manche folgen sogar Gesetzmäßigkeiten. Die Kerne im Blütenkopf der Sonnenblumen sind in Spiralen angeordnet, die auf einer Zahlenfolge basieren.

Sonnenblume

Sonnenblumen

Im Blütenkorb der Sonnenblume sitzen oft Hunderte Einzelblüten, die alle zu Samen werden. Diese sind in engen Spiralen angeordnet, um keinen Platz zu verschwenden.

Die Anzahl der Blütenblätter ist auch eine Fibonacci-Zahl: Hier sind es 34.

Die Fibonacci-Folge ist überall in der Natur anzutreffen, weil viele Pflanzen und Tiere begrenzten Platz möglichst gut ausnutzen müssen.

In Tannenzapfen sind die Schuppen in einer Fibonacci-Spirale angeordnet. So lassen sich viele Samen darin lagern.

Die Romanesco-Blüte ist eine Spirale, die aus kleineren Spiralen besteht, die aus noch kleineren Spiralen bestehen …

Die Spiralen drehen sich in zwei Richtungen.

Die Fibonacci-Folge

Zählt man die Spiralen im Blütenkorb von Sonnenblumen, erhält man immer eine Zahl aus der Fibonacci-Folge. In dieser Reihe ist jede neue Zahl die Summe der beiden Vorgänger: 1, 1, 2, 3, 5, 8, 13, 21, 34, 55 … Sie ist nach ihrem Entdecker, dem italienischen Mathematiker Leonardo Fibonacci (etwa 1170–1250), benannt.

Wasser-abstoßender Stoff

Erfinder haben Gewebe
mit der wasserabstoßenden
Eigenschaft der Blätter von Lotusblumen ausgestattet. Der Stoff ist mit
mikroskopisch kleinen Noppen versehen.
Kleidung aus diesem Stoff wird auch nicht so
leicht schmutzig, weil alles Flüssige abperlt.

Glattes Blatt

Unebenes Blatt

Blätter der Lotusblume

Viele Blätter haben eine Wachsschicht, die Wasser abweist. Man sagt, sie sind „hydrophob". Das Blatt der Lotusblume ist noch dazu mit winzigen Höckern bedeckt. Über sie rollen die Tropfen einfach vom Blatt, weil nur wenig Wasser die Blattoberfläche berührt.

Lotuseffekt

Ist dir schon einmal aufgefallen, dass Wasser gut haftet? Wenn es regnet, bleiben die Regentropfen am Fensterglas hängen. Einige Pflanzen wie die Lotusblumen haben eine Methode entwickelt, um das Anhaften des Wassers zu verhindern. Die Tropfen perlen einfach ab und die Blätter bleiben trocken!

Glossar

Alge
Pflanzenähnliches Lebewesen, das Energie aus dem Sonnenlicht bezieht. Algen leben meist im Wasser.

Akkordeonfalten
Falten, bei denen sich Kämme und Täler abwechseln, wie bei den Blättern der Hainbuche.

Art
Gruppe von Lebewesen, die ähnliche Merkmale besitzen und miteinander Nachkommen zeugen können.

Bakterien
Einfache Lebewesen, die aus nur einer Zelle bestehen.

Bestäuber
Tiere, die Pollen von einer Blüte zur anderen tragen, zum Beispiel Bienen.

Biologie
Lehre von den Lebewesen.

Bionik
Erfindungen und technische Methoden, die Mechanismen aus der Natur kopieren.

Chemie
Lehre von den chemischen Stoffen und ihren Reaktionen.

Cyprislarven
Larven der Seepocke.

Drüse
Organ im Körper, das spezielle chemische Stoffe herstellt.

Echoortung
Wahrnehmung von Dingen aufgrund abprallender Schallwellen (Echos).

Fibonacci-Folge
Zahlenfolge, in der jede neue Zahl durch Addition der beiden vorhergehenden Zahlen bestimmt wird: 1, 1, 2, 3, 5, 8, 13, 21, 34 … Sie wurde von dem Mathematiker Leonardo Fibonacci entdeckt.

Frostschutz-Protein
Großes Molekül, das manche Organismen herstellen, damit sich im Körper kein Eis bildet.

Galaxie
Riesige Ansammlung von Sternen, Planeten und anderen Himmelskörpern.

Honigtau
Süßer, klebriger Saft, den Blattläuse herstellen.

Hydrophob
Wasserabstoßend. Wasser bleibt an hydrophoben Flächen nicht haften.

Ingenieur
Fachmann auf dem Gebiet der Technik.

Isolierung
Materialschicht, die Wärme oder Kälte nicht durchlässt.

Kristall
Natürliche Form, in der Minerale vorkommen.

Larve
Das junge Lebensstadium einiger Tiere, wie Insekten, Amphibien und Schalentiere, direkt nach dem Schlüpfen.

Laubbäume
Bäume, die ihre Blätter vor dem Winter oder einer Trockenzeit abwerfen.

Mathematik
Lehre von den Zahlen und Formen.

Mimikry

Nachahmung von Gestalt oder Merkmalen wie Farbe oder Geruch, mit der Pflanzen und Tiere andere Lebewesen täuschen.

Molekül

Winziges Teilchen in chemischen Stoffen.

Nachtaktiv

Tiere, die nachts wach sind und tagsüber schlafen.

Nektar

Süßer Stoff, mit dem Pflanzen Bestäuber anlocken.

Nymphe

Lebensstadium vieler Insekten vor der vollen Reife.

Oberflächenspannung

Kraft, die die Oberfläche von Flüssigkeiten elastisch macht.

Physik

Lehre von den Kräften und der Energie.

Primzahl

Ganze Zahl, die nur durch 1 und durch sich selbst ohne Rest teilbar ist.

Reibung

Kraft, die bremsend wirkt, wenn zwei Dinge aneinander vorbeigleiten.

Schalentiere

Gruppe eng verwandter, wirbelloser Tiere mit harter Außenschale, zu denen Krebse, Garnelen und Seepocken gehören.

Schallwelle

Bewegung der Schallenergie. Schall pflanzt sich in Wellen fort, die zusammengedrückt und wieder auseinandergezogen werden.

Spannenergie

Energie, die in elastischen Körpern gespeichert wird, wenn sie verformt werden.

Symbiose

Form des Zusammenlebens, bei dem zwei verschiedene Lebewesen sich gegenseitig helfen, zum Beispiel Bienen und Blumen.

Tapetum lucidum

Reflektierende Schicht im hinteren Teil des Auges von nachtaktiven Tieren, zum Beispiel von Katzen.

Tarnung

Muster im Fell, Gefieder, auf der Haut oder den Schuppen eines Tieres, die es in seiner gewohnten Umgebung quasi unsichtbar machen.

Turing-Mechanismus

Chemischer Prozess, durch den Muster auf dem Fell von Tieren, zum Beispiel Zebrastreifen, entstehen. Benannt nach dem Wissenschaftler Alan Turing.

Wanderung

Wenn Tiere in andere Gebiete ziehen oder fliegen, um Nahrung zu finden oder Junge zu bekommen.

Zelle

Kleinster Baustein in einem Lebewesen. Bakterien bestehen aus nur einer Zelle, andere Lebewesen sind aus Millionen oder gar Milliarden Zellen aufgebaut.

Register

Dank und Bildnachweis

Dorling Kindersley dankt Helen Peters für das Erstellen des Registers. Der Autor Steve Mould widmet dieses Buch seinem Vater, Roger Mould.

Der DK-Verlag dankt folgenden Personen und Organisationen für die freundliche Genehmigung zum Abdruck von Fotos:

(Abkürzungen: o = oben, u = unten, m = Mitte, g = ganz, l = links, r = rechts, Hg = Hintergrund)

4 Alamy Stock Photo: Greg Forcey. **8 Alamy Stock Photo:** imageBROKER / Marko von der Osten (go). **9 Alamy Stock Photo:** blickwinkel / W. Layer (mro); Paulo Oliveira (mr); imageBROKER / Marko von der Osten (m). **10 iStockphoto.com:** JanMiko (ul). **11 Alamy Stock Photo:** Kim Taylor / naturepl.com (mr); Amelia Martin (mro). **13 Alamy Stock Photo:** Steve Hellerstein (mro); Nature Photographers Ltd (mr). **14 Alamy Stock Photo:** imageBROKER / Norbert Probst (gor). **15 Alamy Stock Photo:** blickwinkel (mro); Helmut Corneli (mr). **16 Alamy Stock Photo:** AGAMI Photo Agency / Theo Douma (r). **17 Alamy Stock Photo:** imageBROKER / SeaTops (mr). **naturepl.com:** Thomas Marent (ur). **18-19 123RF.com:** sara tassan mazzocco. **19 Alamy Stock Photo:** Abstract Photography (mr); Panther Media GmbH (mro). **20-21 Dreamstime.com:** Sarah2. **21 Alamy Stock Photo:** Mark Conlin (um); Reinhard Dirscherl (ur). **22-23 Science Photo Library:** Pascal Goetgheluck (Haihaut); Ted Kinsman. **24 Alamy Stock Photo:** National Geographic Image Collection / Steve WinterDate (um); Panther Media GmbH / gabriella (ur). **24-25 Dreamstime.com:** Lano Angelo (m). **26 Alamy Stock Photo:** Gerry Bishop (ur). **iStockphoto.com:** CreativeNature_nl (um). **26-27 Alamy Stock Photo:** Reynold Sumayku. **27 Alamy Stock Photo:** Matthew Ferris (u). **28 Dreamstime.com:** Jesada Wongsa (ml). **Science Photo Library:** Wim Van Egmond (mo). **29 iStockphoto.com:** avagyanlevon (mro); Cathy Keifer (mr). **30 naturepl.com:** Nature Production (mro). **31 Dreamstime.com:** Geoffrey Kuchera (um). **32 Getty Images:** Doug Allan / Oxford Scientific (gol). **33 Alamy Stock Photo:** blickwinkel / Kaufung (um); Galaxiid (ur). **34-35 123RF.com:** Vitaliy Parts. **Alamy Stock Photo:** Studio Octavio (Katzenaugenreflektor). **37 Alamy Stock Photo:** Helmut Corneli (um). **iStockphoto.com:** Henrik_L (ur). **38 Alamy Stock Photo:** Frank Hecker (ul). **39 Alamy Stock Photo:** Morley Read (mru). **Dreamstime.com:** Ileana - Marcela Bosogea - Tudor (mr). **40 Alamy Stock Photo:** Nigel Cattlin (mlu); WildPictures (ul). **41 Alamy Stock Photo:** RGB Ventures / SuperStock (um). **iStockphoto.com:** schnuddel (ur). **42 Alamy Stock Photo:** Greg Forcey. **43 Alamy Stock Photo:** Drake Fleege (m); Nature and Science (ml); William Leaman (gor). **iStockphoto.com:** Richard Gray (mr). **44 Alamy Stock Photo:** steven gillis hd9 imaging (gol). **45 Alamy Stock Photo:** Natalia Kuzmina (gor); David Wall (gom). **46-47 4Corners:** Isao Kuroda / AFLO / 4Corners (Brücke). **Dreamstime.com:** Amreshm. **48 Dreamstime.com:** Peter Waters (mlu). **naturepl.com:** Emanuele Biggi (ul). **48-49 Dreamstime.com:** Kviktor (m). **51 Alamy Stock Photo:** age fotostock / Carlos Ordoñez (u). **Getty Images:** Freder (mro). **Science Photo Library:** Steve Gschmeissner (mr). **52-53 Alamy Stock Photo:** jbdodane. **53 Alamy Stock Photo:** Volodymyr Burdiak (mro). **Getty Images:** R. Andrew Odum / Photodisc (mr). **54 Dreamstime.com:** Jnjhuz (ul). **55 Alamy Stock Photo:** Derek Croucher (mr); Steve Taylor ARPS (gor). **56-57 123RF.com:** Kampan Butsho (Solarmodul). **Alamy Stock Photo:** Design Pics Inc / Debra Ferguson / AgStock. **59 Alamy Stock Photo:** Luciano Richino (mro); M I (Spike) Walker (mo). **61 Alamy Stock Photo:** Clarence Holmes Wildlife (m); Fred LaBounty (mr); Rick & Nora Bowers (mro). **62 iStockphoto.com:** Tommy_McNeeley (ur); Utopia_88 (um). **63 iStockphoto.com:** de-kay (gor). **64-65 iStockphoto.com:** GA161076 (m). **66-67 Dreamstime.com:** Phakamas Aunmuang (Tautropfen). **Science Photo Library:** Pascal Goetgheluck.

Cover: *Vorn:* **Alamy Stock Photo:** vkstudio (ul). **Getty Images:** Jeroen Stel / Photolibrary (mlo). *Hinten:* **Alamy Stock Photo:** AGAMI Photo Agency / Theo Douma (gol), Greg Forcey (ur).

Alle anderen Abbildungen © Dorling Kindersley
Weitere Informationen unter: www.dkimages.com